AF414440

Frédéric Albouy

L'ARCHE DE NOÉ

Sonnets fanimaliers

Paris

À nos colocataires les animaux

PRÉFACE

Cet ouvrage recueille la parole et le point de vue des animaux, qui s'expriment sur leur condition et leur cohabitation pas toujours facile avec les humains ; un recueil de petites fables animalières en quelque sorte, sous forme de sonnets en général de facture classique ou pseudo-classique mais parfois avec quelques libertés.

On y retrouvera les animaux de la ferme et des forêts, les oiseaux, les insectes, les animaux marins et aquatiques, les animaux exotiques, africains, américains et asiatiques, les gros comme les petits, quelques disparus et quelques imaginaires. Bref, une véritable arche de Noé où chaque animal, avec l'aide du capitaine, se présente aux autres.

Des Abeilles

Quand sonnent les mâtines
Reprend l'entraînement
Du miel et sa routine :
Nous partons pour les champs

En essaim de copines
Du même régiment,
Avec qui l'on butine
Tout militairement.

Et puis quand vient le soir,
Retour à la caserne ;
Les ébats mis en berne

On s'entasse au dortoir,
Le travail accompli
Et la Reine réjouie.

De l'Agneau

Je n'ai jamais fait de mal,
Mais qu'on m'appelle Jésus
Ou qu'on m'appelle Pascal,
Que je sois au barbecue

Ou que je sois cuit au four,
Au temps de l'Antiquité
Tout autant que de nos jours,
Je suis toujours sacrifié,

Que vous soyez juif, chrétien,
Que vous soyez musulman,
Pakistanais ou indien.

Je veux bien, mais seulement
Si enfin vous acceptez
De ne plus vous entretuer.

De l'Aigle

Pour ne pas vous effrayer
Avec ma grande envergure,
Je me plais à tournoyer
Dans le ciel à vive allure,

Ne descendant au marché
Que pour trouver nourriture
Pour notre progéniture.
Pourtant, à vous observer,

Je devrais, moi, avoir peur,
C'est bien vous le prédateur
Et du ciel je vous vois bien

Avaler la Terre entière ;
Dans un ou deux millénaires,
Il n'en restera plus rien.

De l'Albatros

J'ai construit ma volière
Par-dessus l'océan,
Mes ailes de géant
Ne sont plus prisonnières.

Du matin jusqu'au soir,
Du soir jusqu'au matin,
En bon oiseau marin
Sans besoin de perchoir

Je plane en plénitude
Comme un Bouddha volant,
Bien loin des turpitudes

De la vie des vivants ;
C'est dans un tel espace
Que je trouve la Grâce.

De l'Alligator

Ce n'est pourtant pas difficile
De distinguer l'alligator
De son cousin le crocodile :
L'essentiel est dans le décor.

Le premier est américain
Et parle anglais dans les marais,
L'autre, plus souvent africain,
S'exprime plutôt en français.

Ensemble en congés en Floride,
Ils ont la couleur du dollar,
Soit plutôt vert, soit plutôt noir,

Preuve qu'ils ne sont pas stupides.
Et le caïman cette canaille
Ne fait que semer la pagaille ![1]

---

[1] *On trouve aussi quelques alligators en Chine. Les caïmans sont une autre espèce, d'Amérique latine. Les crocodiles sont un peu plus répandus, les plus fameux sont les crocodiles du Nil, en Afrique.*

De l'Alpaga

J'aime tant me poser sur votre peau
Que je donne ma laine la plus douce,
Je l'emmène sur les plus hauts plateaux
Des Andes, là où la bonne herbe pousse.

Pour vous, je la transforme en laine rousse,
Blanche ou noire et me fais tondre le dos,
Bien que rester nu sur l'Altiplano
Les mois d'hiver me fiche un peu la frousse.

Mais je ne crache jamais sur mes maîtres
Car ensuite elle s'envole vers vous
Et s'offre une deuxième vie, chez vous,

Comme si elle venait de renaître.
Et nous, animaux, sentons l'Unité
De la Nature, même dispersée.

De l'Anaconda

Traçant entre les îles
Une sinusoïde,
J'ondule et me faufile
Dans les zones humides.

Et je chasse, intrépide,
Les bêtes les plus lentes,
Car les proies plus rapides
Vont prendre la tangente.

Si l'une est moins agile,
Je l'attrape au lasso
Et lui passe l'anneau

Pour la rendre docile,
Puis l'emmène céans
Dans mes appartements.

Des Anchois

C'est vrai que je suis dans mon élément,
Je fais mes longueurs, nage et me tortille
Entre deux eaux aussi bien qu'une anguille.
C'est une belle vie et cependant

Je rêve de vacances à la terre :
Respirer l'air pur à pleines branchies,
Se promener, découvrir les pays,
S'ouvrir aux coutumes alimentaires.

J'aimerais bien connaître l'Italie,
Sa vieille histoire et sa gastronomie,
M'allonger au soleil sur des pizzas,

Me taper le soir un bon apéro[2],
Mais on me dit que les pêcheurs là-bas
Pourraient justement me faire la peau.

---

[2] *La « tapenade » est une préparation (souvent apéritive) traditionnellement à base d'olives noires, d'anchois et de câpres écrasés*

De l'Âne

Mon beau nez me joue des tours,
Il se met en un seul mot
Pour embêter les marmots
Qui rêvent pendant les cours.

Pourtant j'aime les enfants,
Je suis dans toutes les fables,
Jouant le rôle du perdant,
Du loser peu estimable.

Il en faut de la sagesse
Pour bosser comme des bœufs
Quand on vous croit paresseux.

Pour que les humains progressent,
Qu'il en faut des artifices,
Qu'il en faut des sacrifices !

De l'Anguille

Je suis si fine
Que c'en est drôle
Et me dandine
Comme une folle

Dans les eaux troubles,
À la manière
D'un agent double.
Je suis première

À vous glisser
Entre les mains
Quand vous pensez

M'avoir enfin.
Une pratique
Diplomatique.

De l'Araignée

D'abord, je prépare une esquisse,
Un plan, un schéma en 3D
Issu d'une première idée,
Puis je commence l'édifice

Avec, dans l'angle, un point d'ancrage
À partir duquel mes fils tissent
Leur toile en suivant un tramage
Précis ; il faut que je finisse

Tôt, la famille vient passer
Le week-end en ma résidence
Avec sa jeune descendance.

C'est pourquoi j'ai voulu tisser
Ce grand réseau de toboggans
Qui amusera les enfants.

De l'Autruche

Comme la boule roule bien mieux
Que la roue, sauf quand la terre est plate,
J'ai eu l'idée de la boule à pattes,
Performante en tous types de lieux.

J'y ai rajouté un périscope
Pour repérer de loin les obstacles,
Les zèbres, rhinos ou antilopes
- Et aussi profiter du spectacle.

Je peux ainsi me déplacer vite
Avec un minimum d'énergie
Et de jour parcourir le pays

Et ses paysages insolites.
Puis je branche en un trou mon engin
Pour le charger jusqu'au lendemain.

Du Babouin

Avec Polo le poilu,
Avec Jojo la légende,
Avec Réré le cul-nul,
On aime à sortir en bande.

Il arrive qu'on descende
Dans les forêts, les touffus
Racketter d'autres tribus,
Certains soirs ou le week-ende

Pour marquer le territoire.
On en profite pour boire
Les alcools que les humains

Font dans leurs exploitations.
C'est vrai qu'ils ont, c'est certain,
Quelques bonnes inventions.

Du Bacalhau

En tant que famille de morues,
Partir en congés au Portugal,
C'est incontestablement le Graal,
Le paradis pour notre tribu.

Couchées sur la plage pour sécher,
Dorant au soleil après le bain,
On profite bien du sel marin
Avant de retourner au foyer.

On cuisine avec les habitants,
Trinque au Porto entre compagnons,
L'ambiance est cool, les gens prévenants,

Le service est aux petits oignons.
Quelle différence avec Paris,
Qui nous voit toujours comme proscrits !

De la Baleine

Il est clair que cela vous dépasse :
Comment, au royaume de Triton,
Peut-on gagner une telle masse
En ne grignotant que du plancton ?

Et comment peut-on plonger au fond
Des mers avec une telle grâce
Quand on se trimballe une carcasse
Qui ressemble à un bloc de béton ?

Ce sont les doutes de toute engeance
Qui ne s'attache qu'aux apparences.
Voyez plutôt chez les créatures,

Enfoui sous leur sociale routine,
Le soupçon de Lumière Divine
Qui fait la force de la Nature.

Du Barracuda

J'ai inventé le missile
Bien avant vos sous-marins,
Je fonds sur les proies fragiles
Comme sur les gros engins

Puis ma mâchoire vorace
N'en fait plus qu'une bouchée.
C'est pour ça qu'on m'a créé :
Veiller aux quotas des races,

Équilibrer les espèces,
Suivre les démographies :
Ni sentiments, ni faiblesses,

Ni famille, ni amis,
On fait le sale boulot,
Comme pour tout, il en faut.

De la Belette

Quand on joue de la trompette
Madame la belette
Fait des galipettes
Toute pompette.

Quand on se met au sifflet
C'est Monsieur le furet
Qui va se dresser
Pour venir jouer.

Si par contre on tambourine
Voilà que vient l'hermine
Avec sa copine

La belle fouine.
Et pour le clairon,
C'est le vison.

Du Béluga

Éviter toutes les crevettes
Pour ne pas finir en flamant,
Rose des pieds jusqu'à la tête.
Sélectionner le plancton blanc,

Éviter les autres couleurs,
Les viandes, les fruits, les légumes,
Est-ce bien là une coutume
Pour un aussi gros prédateur ?

Rester blanc dans des profondeurs
Plus noires que la nuit polaire,
Garder sang chaud dans des froideurs

Plus rudes qu'en vos frigidaires,
Voilà la vie d'un béluga,
Comment ne pas finir gaga ?

Du Bernard-l'hermite

Bien sûr la crise du logement
Est loin d'être une chose nouvelle
Et, hors situation exceptionnelle,
Nous squattons les vieux appartements.

Nous établissons un roulement
D'occupation pour la ribambelle
D'individus et d'enfants du clan,
En habitation individuelle ;

Seuls ceux désirant vivre en ermite
Réservent la grotte où ils méditent.
La question du courrier est plus 'hard',

Car toutes nos maisons sont mobiles,
On change souvent de domicile
Et nous nous appelons tous Bernard.

Du Bigorneau

Quand on est un coquillage
Qui veut prolonger sa vie,
On s'allonge sur la plage
Pour attendre le Messie

- Comme en certaines vitrines
Où les vêtements en cage
Croient que les gens de passage
Vont les passer en cabine.

On attend qu'un enfant passe,
Qu'il se penche et vous ramasse
Pour construire une poupée.

Si vous avez cette chance
D'une deuxième existence,
Essayez d'être Parfait !

Du Bison

Comme les indiens mes voisins,
Je survis dans les Grandes Plaines
Du Middle-West américain.
Vous pourrez m'y trouver sans peine,

J'aime beaucoup ces grands espaces
D'un bout à l'autre du pays,
Les gens durs et les herbes grasses,
L'horizon touchant l'infini.

L'été on s'assemble entre amis
Pour faire un tourisme de masse,
Promener nos grandes carcasses,

En ville aller ronger l'ennui,
Mettre enfin un peu de piquant
Dans cette vie plate de sens.

Du Boa

Je voudrais me mettre à quatre pattes
Et courir, jouer à saute-mouton,
Faire du tennis et du ping-pong,
De la randonnée dans les Carpates…

Mais étant donné ma condition,
La vie à ras de terre est bien plate,
Il n'y a pas autant de distractions,
Les jours rampent comme un mille-pattes.

Alors pour passer le temps j'avale
Les autres de façon machinale.
Ça me fait de la peine, on me croit

Méchant et m'accuse de traitrise,
Alors qu'à l'origine, avec foi,
Notre espèce a tant fait pour l'Église.

Du Bourdon

Depuis que j'ai pris du ventre,
Je suis lourd au décollage
Et, pire, mon barycentre
S'affaisse en prenant de l'âge ;

Je dois lancer les moteurs
Plus tôt, à pleine puissance
Et bien jauger la longueur
Des pistes et les distances.

Quand on est un peu trop lourd,
Il en résulte un bruit sourd,
Comme tous vos gros avions

Qui transportent du bétail
Quand le monde du travail
Lève ses obligations.

Du Buffle

Je n'ai pas du tout l'humour anglais ;
J'ai plutôt un sale caractère
Car je prends tout au premier degré,
Gardez-vous de me mettre en colère !

D'ailleurs, je ne plaisante jamais :
Gare à qui me traiterait de mufle !
D'un seul coup de corne il comprendrait
Le respect que l'on doit à un buffle.

Ne comptez pas sur ma sympathie,
J'en ai soupé de vos blagues drôles,
Vos exploits et autres gaudrioles,

Le lot de toutes vos clowneries.
Je préfère être avec ma bufflonne
À côtoyer les lions et les lionnes.

Du Cachalot

J'ai toujours fait de la plongée,
C'est là ma deuxième nature.
Je vous défie quand vous voulez :
Venez descendre à vive allure

Trois mille mètres en apnée
Pour chercher votre nourriture,
Vous battre avec des cétacés
Et remonter sans écorchure

Après une heure d'aventure
Dans les profondeurs abyssales !
Avec vos bouteilles dorsales,

Vous feriez bien pâle figure,
À moins d'être une passagère
D'un de mes sosies nucléaires.

Du Cafard

On n'aime pas ma race,
Je dois vivre à l'abri
Dessous ma carapace.
Très souvent je m'ennuie,

Subis le temps qui passe :
Qu'il fasse jour ou nuit,
Soleil, vent, neige ou pluie,
Je me morfonds sur place ;

Je ne sais, comme autrui,
Inventer des sorties.
Cependant, un été,

On fit de la musique
Avec les scarabées,
Des amis britanniques.

Du Calamar

Rester légendaire
Pour être peinard,
Voilà le mystère
Des grands calamars.

Vivre en sa tanière
Comme un pantouflard
Ou un banlieusard,
Poser son derrière

Sur les fonds marins
Comme un sous-marin.
Rester aux abois

En observateur
Et quand vient la proie
Lancer les moteurs.

Du Caméléon

Il ne s'agit pas d'être invisible,
De viser l'ultime transparence,
Mais d'effacer sa propre existence
De la réalité perceptible.

Être et ne pas être est la question :
Je suis là et pourtant n'y suis pas,
Tout n'est qu'une affaire d'illusion,
Un Bouddhiste ne le niera pas.

Se fondre en l'universalité,
Ce que vous avez toujours cherché.
Voilà ce que je fais tous les jours,

Être présent malgré mon absence,
Alors que vous-mêmes, tous les jours,
Êtes absents dans votre présence.

Du Canard

Au début du passé,
J'étais le Roi du coin,
Le Prince des marais,
L'empereur, rien de moins.

Puis on m'a enchaîné,
Plus de droit au chapitre,
On m'a sucré mes titres ;
J'écrivis des papiers.

Me voici aux jardins
En simple citoyen,
À l'orange, exilé,

Aux cinq parfums, tout nu…
Mais si ça continue
Je vais finir laquais !

Du Castor

Connaissez-vous la forêt canadienne,
Celle où seuls les fiers trappeurs s'aventurent,
Les rivières glacées, les engelures,
Le froid qui vous paralyse ? Quand viennent

Les beaux jours et la fonte printanière,
C'est le bon moment pour que j'intervienne,
Il est impératif que je contienne
Le cours enthousiaste de ses rivières ;

J'entame ma phase de bricolage,
Un job essentiellement saisonnier.
J'ai sur moi le nécessaire outillage,

Je joue de la queue, des dents et des pieds
Et construit mon barrage écologique
Pour le bonheur de la faune aquatique.

Du Cerf

J'ai choisi d'être chien,
J'aurais dû rester loup.
C'est vrai qu'on se sent bien
Dans le salon, chez vous,

Avec la cheminée
Qui réchauffe les bois
Et vos mets délicats
À l'heure du dîner.

Mais la vraie vie me manque
Et ma famille aussi.
Je me sens comme pris

Dans un coffre de banque :
Il y a beaucoup d'argent
Pour un bonheur qui ment.

Du Chameau

C'est dans le désert que je bosse,
Dans le calme et la plénitude ;
Il faut en prendre l'habitude
Mais ce n'est pas un sacerdoce,

Plutôt un voyage de noces
Avec sa propre solitude,
Pour mesurer les idées fausses
Et friser la béatitude.

Je me mets souvent à genoux
Pour prier pour les vénérables,
Puis, sur l'immensité de sable,

Je dessine un poème à trous
Que je mets bas incognito
Sans pour autant perdre mes eaux.

Du Chamois

Pour profiter des grands espaces,
Dans les montagnes enneigées,
Je vais au ski avant les masses.
En saison, quand c'est surpeuplé,

Je redescends dans la vallée
Pour chercher des petits boulots ;
Je m'occupe des vacanciers
En allant sécher leurs autos,

Me faufiler en leurs jumelles
Ou la nuit faire leur vaisselle.
Puis je retourne en altitude

Sur les chemins de randonnée ;
Il faut savoir se réserver
Ces grands moments de solitude.

Du Chat

J'ai choisi des ressorts
À la place des pattes
Pour avoir la patate
Et grimper au décor

Puis fuir en toute hâte
Si on me fait du tort
Ou on me jette un sort.
Ensuite je m'éclate

En quelque distraction,
Passant sans transition,
Sans perdre un seul instant,

Du bonheur au malheur ;
Un peu comme vos cœurs,
Toujours en mouvement.

De la Chauve-souris

Toujours voir le monde à l'envers
Pour ne pas coller les idées
Préconçues et les préjugés ;
Regarder un peu de travers,

Sous un autre angle, pour mieux voir
Ce que cachent les apparences,
Pénétrer l'envers du miroir
En laissant agir la conscience.

Toujours regarder dans le noir
Y rechercher la vraie lumière,
Discrète comme une prière

Et d'un aussi puissant pouvoir.
Ne jamais copier et coller
La trompeuse réalité.

De la Chèvre

Quand vient l'été, je suis généreuse,
J'emmène mes crottins en congés
Et les installe tous à bronzer
Sur de l'herbe fraîche et croûtonneuse.

Là, je leur raconte des salades
Tous les soirs avant de les coucher,
Après une saine promenade.
L'histoire du cordage cassé

Dans le pré entourant le Moulin
Assure qu'ils s'endorment sereins,
Car la chèvre aurait pu y passer

Mais, contrairement à l'écrivain,
J'y mets le méchant loup en congés,
Au grand bonheur de Monsieur Seguin.

Du Chien

Je suis un brave toutou,
Nous nous connaissons très bien.
Avant, vous me croyiez loup
Mais avec le temps tout vient

Se changer en amitié
Et nous voilà bons copains.
Et la vie de citadin,
Je dois bien l'avouer, me sied.

Votre appartement cossu,
La pâtée systématique
Et ces toilettes publiques

De chaque côté des rues.
Dommage que vous ayez
Des crises d'autorité.

De la Chouette et du Hibou

Nous vous observons l'air de rien,
De là notre apparence austère ;
Pour nous, vous êtes un alien
Venu coloniser la terre,

Notre merveilleux paradis
Qui depuis des millions d'années
Vivait tranquillement sa vie
Jusqu'à ce que vous arriviez.

Reprenez votre intelligence
En main avant la déchéance !
Depuis de si longs millénaires

Nous avons tellement connu
D'espèces qui ont disparu
Que nous en faisons des prières.

De la Cigale

Mon monde est sens unique,
Vous ne me verrez pas,
Ne me sentirez pas,
Je ne suis qu'acoustique,

Ne vis que pour le chant,
Pour charmer les oreilles,
Mettre l'ouïe en avant
Et tout le reste en veille,

Pendant que la fourmi
Travaille sans répit.
Infortunée bestiole,

Qui doit gagner son bien,
Moi, j'ai déjà ma piaule
Et mon pin quotidien.

De la Cigogne

Le Père Noël s'occupait des cadeaux
Et moi je devais livrer les bébés,
Voilà ce que nous avions décidé
Lors de nos premiers accords commerciaux.

L'arrangement a dû être amendé :
Un monde de Jésus, fussent-ils beaux,
Tous nés le même jour, fut une idée
Irréaliste qui tomba à l'eau.

J'ai dû reprogrammer mes livraisons
Sur toute l'année, toutes les saisons.
On a libéré l'horloge des femmes

Et le calendrier de réception ;
Ainsi naissent les bébés de ces dames,
Selon les règles de l'Institution.

Du Cobra

Qu'il est drôle ce type
Sur son tapis à clous !
On dirait bien qu'il joue
D'une espèce de pipe

Percée de quelques trous.
Sortons de notre gîte
Pour envoûter ce fou.
Ses doigts bougent si vite

Qu'il paraît immobile,
Concentré sur son jeu ;
Approchons-nous un peu :

Charmeur comme un reptile,
J'avance vers ma prise,
C'est lui qui m'hypnotise !

De la Coccinelle

Au grand jeu de la Création,
Un concours fut organisé
Pour promouvoir l'innovation
En fabricant un jeu de dés.

Nous nous sommes peints pleins de points
Sur la face des carapaces
En y prenant le plus grand soin
Pour que jamais ils ne s'effacent.

On monta sur le tapis vert
Mais nos pattes s'y accrochèrent,
Quelques-unes se retrouvèrent

Sur le dos et le ventre à l'air ;
Nos espoirs se sont envolés,
C'est un cube qui a gagné.

Du Cochon

Avec ma truie, on patauge
Dans une espèce de mare
Juste devant notre loge.
Nous en avons un peu marre

Mais, étant nourris, logés
Et quoiqu'assez peu blanchis,
Qui se plaindrait de la vie ?
Mais il faut bien progresser :

Je veux un avancement,
Mon dossier est aux RH,
Traînant depuis quelque temps

Et j'insiste sans relâche.
Cette fois, je crois, c'est bon,
J'ai été promu jambon.

De la Colombe

Je suis blanche Colombe.
Pourtant, de vous à moi,
Quand je pense parfois
Que je rime avec bombe,

Je me demande bien
Avec quoi rime Paix
Et je préfèrerais
Ne plus penser à rien.

Qu'il en faut de la foi
Pour tenir le rameau
Et porter sur son dos

Tout ce en quoi l'on croit,
Maintenir le précaire
Équilibre sur terre.

Du Condor

Voici un mystère :
Le jour, en planant
Sur la Cordillère,
Je croise souvent

Des avions de ligne,
Ces bocaux à gens,
Aquariums volants ;
Je leur fais un signe,

Ils ne bronchent pas
Et ne me voient plus,
Comment a-t-on pu

En arriver là,
Être bon apôtre
Ignorant les autres ?

Du Coq et des Poules

Alors que déjà ma grande sœur
Avec ses amies poules papote,
Tous les matins je cocoricote.
Mais ce n'est pas de gaité de cœur,

Il faut bien que je sonne l'alarme
Pour ne pas terminer en cocotte ;
Voilà pourquoi je m'use la glotte
Et fais le matin tout ce vacarme,

Pour avertir les unes qui couvent
Et toutes les autres qui caquètent,
Afin d'éviter que l'on nous trouve

Et que l'on nous fasse notre fête.
Nous avons compris mais un peu tard
Que le Loup n'est plus Maître Renard.

Des Coquillages

Quand arrivent les fêtes,
Nous sortons en plateau ;
On fait quelques emplettes,
S'habille, on se fait beau

Et puis, quand on est prêt,
Nous cherchons une table
Pour passer la soirée
Dans un cadre agréable,

Près d'une cheminée
Ou d'un chauffage au gaz,
Parce que l'an passé,

Tout au long du repas
(Quelle mauvaise adresse !),
On s'est gelé les fesses !

Du Corail

On adore les colonies
De vacances sous les tropiques,
Les plages sont du pain béni
Et le cadre y est féérique.

On se prélasse dans l'eau chaude,
En bande on affronte les vagues,
On joue, on rit, on fait des blagues,
On oublie les soucis qui rôdent

Et se laisse vivre en osmose.
Mais la vie n'est pas toujours rose :
S'il vient un marchand de bijou,

Gardons-nous de finir en bague
Ou collier : arrêter la drague
Et prendre les jambes à son cou.

Du Corbeau

Depuis le Moyen-Âge
On me jette des sorts
Et tous les jours j'enrage
Car on m'accuse à tort.

Ou de mauvaise augure
Ou oiseau de malheur,
Je fais fuir, je fais peur,
On a tué ma nature.

Mon âme est en cercueil
Et j'en porte le deuil.
Comment donc voulez-vous

Que je tourne la page
Et puisse oublier tout
Sans en faire un fromage ?

Du Coucou

Le temps, c'est de l'argent
Et autant vaut qu'on puisse
L'amasser librement :
Nous résidons en Suisse.

À chaque heure écoulée
Depuis la Création,
Nous surveillons de près
Toutes les transactions

En épiant les banquiers :
Dans leurs bureaux, on y est.
Au début ce fut dur

Mais avec l'Oncle Sam
On a mis la Webcam
Dans l'horloge du mur.

De la Couleuvre

Certains préfèrent les sabres,
Moi, j'avale les couleuvres,
Les mensonges, les palabres,
Insensible à leurs manœuvres ;

Je les avale sans crainte,
Sans même m'en rendre compte.
Ce n'est pas que je les dompte,
Je les bois comme une pinte

Ou comme du petit lait,
Juste en les laissant couler
Et sans m'en préoccuper,

Jusqu'à ce qu'elles ressortent
Sans le butin escompté
Et par la petite porte.

Du Crabe

Si je me déplace en crabe
Sur les dunes du désert,
C'est pour y graver des vers
En calligraphie arabe.

Si j'allais par les courants
Dans les profondeurs turquoises,
J'y écrirais des romans
En calligraphie chinoise.

Et si j'étais un alien,
Cela ne changerait rien.
Car si l'autre est différent,

Pas de quoi péter un câble,
Il est autant estimable
Et riche d'enseignements.

Du Crapaud

Quand on est un prince en crapaud,
Le plus ardu est d'attirer
L'attention de sa dulcinée
Sans qu'elle ne tourne le dos,

L'amener à voir l'intérieur
D'une repoussante apparence
Fruit d'un sortilège antérieur
Pour atteindre la délivrance,

L'aider à lever le décor
D'une fausse réalité.
On a tous un crapaud qui dort,

On a tous un prince caché
Au fond de nous, mais une telle
Dulcinée est exceptionnelle.

De la Crevette

Mon grand frère le Gambas,
Un assoiffé de whisky
Et grand flambeur dans sa vie
S'est retiré au Texas.

Moi, j'aime l'Andalousie,
Une assiette de tapas,
Du vrai safran sur le riz,
Quelques bonnes paellas,

La guitare dans la nuit
Et le vin qui vous réjouit.
Oui, je trouve ça sensass

De suivre ainsi ses envies.
Quant à ma sœur la Langouste,
Elle mérite une rouste.

Du Crocodile

J'ai toujours rêvé de Paris
Et de toutes les capitales ;
À pleines dents croquer la vie
M'a toujours donné la fringale.

Ah, faire une descente en ville
Au lieu de cuire sur une île !
Un jour, vous m'avez dit comment,

Et me voici donc en vitrine,
Ici au bras d'une maman,
Là-bas au pied d'une gamine…

Mais si seulement j'avais su
Combien vous étiez malhonnêtes,
Les cheveux dressés sur la tête,
J'aurais eu le cuir chevelu.

Du Cygne

J'ai connu Lamartine,
J'ai connu Tchaïkovski,
L'onde que je dessine
Est de la Poésie

Pour qui peut la capter
Et la rendre en images,
La chanter, la danser,
Lui faire un sarcophage.

Elle vivra longtemps,
Comme tout éphémère
Saisi dans un instant

De présence lunaire.
Venez me voir glisser
Sur les lacs du passé.

Du Dahu

Il faut, quand on est dahu,
Choisir le sens de portance
Au plus tard à sa naissance
Car ensuite on ne peut plus.

Quand on naît, au tout début,
Sortant de grossesse on pense
Que la vie c'est des vacances,
Puis d'un coup on est perdu.

Car la planète entêtée
Dans un seul sens fait ses rondes :
Si l'on est du bon côté,

On peut parcourir le monde
Juste en levant le bon pied ;
Sinon, il faudra prier.

Du Daim

J'ai essayé vos voitures,
Vos sacs et vos canapés,
Vos manteaux et vos fourrures :
Je ne suis pas satisfait.

Si on est bien installé,
Il y a comme une froidure,
On se sent vide, empaillé ;
Je préfère ma Nature,

Ses forêts et ses clairières,
À votre pub mensongère.
Et si l'on peut voir Bambi

Au chaud dans votre living,
Je préfère en mon camping
M'occuper de mes petits.

Du Dauphin

Si vous avez besoin
Pour vos virées en mer
D'un petit coup de main,
Je viens en un éclair

Pour vous sortir de l'eau
Et tout seul, à la nage,
Vous ramener presto
Sur la plus proche plage.

N'hésitez-pas l'ami,
Nos affaires sont clean,
Chez nous tout est gratuit,

Ni gros sous, ni bling-bling !
Ni paiement, ni rançon,
Apprenez la leçon !

De la Dinde

Les fêtes de Noël sont mes préférées,
Le sapin avec toutes ses guirlandes,
Le Père Noël sortant des cheminées,
La joie des enfants les yeux en amande

Et surtout, je suis toujours invitée :
Au repas traditionnel, on demande
Juste la tenue correcte exigée
Ainsi qu'une épilation sur commande.

Mais je ne dois pas supporter l'alcool
Car je ne me souviens jamais de rien,
Je me sens vidée comme après un vol

Et il ne me reste qu'un mal de chien.
C'est à se demander s'il n'y aurait pas
Un coup fourré dans cette affaire-là.

Du Dinosaure

Si mon temps n'était pas fini,
Je serais en balade en ville
Comme animal de compagnie,
Et mon cousin T-rex vigile.

Mais il n'y a pas assez de place,
Vos appartements sont petits,
Parcs et jardins manquent d'espace
Et vos routes sont riquiqui.

Dommage ! Le diplodocus
Aurait pu faire l'autobus
Et son ami ptérodactyle

Aurait servi d'automobile.
Un vrai futur écologique,
Comme c'était au jurassique.

Du Dragon de Komodo

Je dois le reconnaître :
Reclus aux antipodes
Vivotant de maraude,
Un corps de plusieurs mètres,

Un cuir non à la mode,
Une allure d'ancêtre,
Je n'ai pas l'air commode.
Difficile à admettre.

En plus, c'est le pompon,
On m'appelle dragon !
Que les gens sont pesants,

Leurs mots bien incongrus
Et leur langue fourchue !
C'est vraiment pas varan !

De l'Écrevisse

Dans les temps anciens,
J'avais du sang bleu ;
Nous vivions heureux
Et en bons chrétiens.

Armés de filets,
Vinrent les pêcheurs
Pour nous museler,
Tels des dictateurs.

Les impérialistes
Ont tous pris la fuite
Mais les attentistes

Qui jamais ne bougent
Ont pris une cuite
Et viré au rouge.

De l'Écureuil

Vieillissant écureuil
J'ai élu domicile
À l'école du Breuil,
Le jardin de la ville.

Le dimanche je file
Aux Puces de Montreuil
Pour jeter un coup d'œil
Aux vieilleries utiles ;

Je cherche un casse-noix
Et un vieux coffre en bois.
Car je suis prévoyant :

Dès ma plus tendre enfance
En économisant
Je pensais aux finances.

De l'Éléphant

Qui aurait cru que nos défenses
Seraient la cause de déboires
Et que ces beaux bijoux d'ivoire
Ruineraient toutes nos enfances ?

Ces belles nuits dans la savane,
Les soirées auprès des conteurs,
Les jeux de lancer de bananes…
Un conte de fées bien trompeur.

Il a fallu qu'un grain de sable
Incongru, venu sur le tard,
Transformât notre belle fable

En un horrible cauchemar.
Et ce responsable, c'est vous,
Vous, vos travers et vos gros sous.

De l'Éphémère

Je ne vis qu'un jour,
Tout est planifié :
Naître au petit jour,
Lait, couches bébé ;

Midi : instruction,
Flirt, amours, mariage,
Deux-trois enfants sages,
Quelques promotions

Et le soir retraite.
Dans la nuit : reset.
Et le lendemain

Tout ça recommence ;
Cycle d'existence.
Ça ne vous dit rien ?

De l'Éponge

C'est au fond des mers que je m'installe,
Sur un rocher à l'abri du vent,
De mes prédateurs et des courants.
Puis, une fois bien calé, j'avale

Et je me rince à souhait le gosier.
On dit que je mange trop salé ;
Alors parfois, lors de mes congés,
Je pars en cure dans un évier

Pour un régime à base d'eau douce
- Pas toujours très agréable à boire -
Ou me plonge dans une baignoire

Où flotte une montagne de mousse.
Très artificiel et très surfait,
Je préfère encore mon rocher.

De l'Escargot

Quelle belle journée
Pour quitter cette ville,
Je pars me promener
Avec mon domicile !

L'herbe fraîche et mouillée
Me chatouille le bide,
La nuit tombe et décide
De me faire rentrer.

Je vais camper sous l'arche
Au bord de la rivière,
À une heure de marche

Pour une allure fière
Et rentrer en coquille
Dès que la Lune brille.

De l'Étoile de mer

À l'époque du Big Bang
C'était la grande pagaille !
Des galaxies la racaille
Se réunissait en gangs

Et faisait péter le Temps
À coups de bombe et mitraille.
On craignait pour les enfants,
Jusqu'à faire la trouvaille

De ce système solaire
Et votre planète Terre.
Quelle chance vous avez,

D'avoir pour vous un tel monde !
On est allé s'y cacher
Dans les mers les plus profondes.

Du Flamant

J'ai fréquenté tous les grands zoos
Des métropoles de la planète
Et mangé des tonnes de crevettes
Dans leurs fast-food internationaux.

Toujours d'un pied sur l'autre en vadrouille,
Quand l'un est au sec, l'autre est dans l'eau ;
J'ai l'impression qu'à force j'en rouille
Et que cela colore ma peau.

Mais j'aide les gens, avec mes poses,
À apercevoir la vie en rose.
Je rêve de prendre ma retraite,

Enfin pouvoir, en toute logique,
Poser mes deux pieds en tête à tête
Et terminer ma vie en Belgique.

Des Fourmis

Venez donc un jour visiter
Notre abri antiatomique,
Depuis plusieurs milliers d'années
Nous en maîtrisons la technique.

Les galeries, ça nous connaît !
Nous n'y mettons pas de peintures,
Mais plutôt de la nourriture.
En plus de ce garde-manger,

Il y a les chambres, les WC,
Un magnifique amphithéâtre
Ouvert au public tout l'été

Et une scène de théâtre
Pour voir la cigale danser
Au cas où la bise viendrait.

De la Gazelle du Val

Au prix de longs kilomètres de piste,
Elle était venue passer des vacances
Dans cette grande réserve à touristes,
Où l'on peut les surprendre en abondance.

La brise était agréable et l'air chaud,
Quelques babouins cul nul se promenaient,
Des mirages espiègles déformaient
Les contreforts du Kilimandjaro ;

Et les vieux masaïs sautaient en l'honneur
D'un coucher de soleil très prometteur.
Elle était là, allongée, rêvassant.

Plus loin, un lion comblé se régalait,
D'un œil fixe elle le dévisageait.
Elle avait deux trous de crocs sur le flanc.

De la Girafe

Je me réveille en girafe,
Dieu que vous êtes petit !
Sans vouloir faire une gaffe,
N'auriez-vous pas rétréci ?

Votre cou a disparu,
Vous n'avez plus que deux pattes
Et vos oreilles pointues
Sont maintenant toutes plates.

Je vous vois mal dans la brousse
Faire fuir les éléphants
Ou foutre aux rhinos la frousse.

Non, pour mes petits-enfants,
Je ne voudrais pas de vous
Comme peluche ou doudou[3].

---

[3] *La girafe « Sophie » (en caoutchouc et couinant) s'est avérée être une référence de jouet/doudou pour les tout-petits.*

Du Gnou

Chaque année quand vient la saison,
Nous nous retrouvons tous ensemble,
Les parents et les rejetons,
Les petites vieilles qui tremblent

Mais connaissent bien le chemin
Et nous partons à l'aventure,
Sans GPS, sans voiture,
Sans cartographe et sans bouquin,

Pour des vacances à la dure,
Un safari grandeur nature.
N'est-ce pas excitant ? Du coup,

Vous qui jouez souvent les gros bras,
Pourquoi ne viendriez-vous pas
Traverser l'Afrique avec gnous ?

Du Gorille

Mon avenir n'est pas de ceux qui brillent,
Il est aussi sombre que mon pelage
Et rétrécit quand se tournent les pages
Du temps, sans trop d'espoir pour ma famille.

Certains m'installent derrière une grille
Pour préserver soi-disant mon espèce ;
Que faire, sinon leur montrer mes fesses
Avec dédain, en attendant la quille.

Un jour viendra où je m'échapperai,
Je me trouverai une scientifique,
L'emmènerai jusque dans ma forêt

Pour rêver d'un avenir moins tragique,
Comme quand vous allez au cinéma
Pour oublier les malheurs d'ici-bas.

De la Grenouille

Quand j'ai le cafard,
Après le labeur,
Assise en tailleur
Sur mon nénuphar,

J'admire la Lune,
Son regard bleuté,
Son sourire en biais,
Ses mers, ses lagunes.

Et ce grand plongeon
De Tranquillité
Me remet d'aplomb

Pour l'éternité,
Puis je prends mon bain
De minuit. Divin !

De la Grue

Du soir au matin
Je suis sur mon pied,
Dans un grand jardin
Ou sur un chantier

Et, là, soit j'attends,
Soit je tourne en rond
Dans mon bâtiment
Et m'ennuie béton.

Un oiseau parfois
Se pose sur moi,
Nous parlons d'Asie,

D'Afrique, du Nil,
Puis de Poésie
Et Génie civil.

De la Guêpe

Au début de ma carrière,
J'étais un vrai top model :
Ligne, régime sans sel,
Classe et allure princière.

Mais la concurrence est forte,
Chez nous ça grouille et butine,
Sous peu on est à la porte,
Juste avec sa taille fine.

Alors ce fut l'alternance,
Réussite, échec, vacances…
Puis j'ai monté mon salon,

Créé mes propres modèles
Et réussi de plus belle
Avec l'habit des Dalton.

Du Hamster

Comme un forcené
Suivant son destin
De travaux forcés,
Je monte sans fin

Les marches de ma
Roue de l'existence
Et je ne vois pas
Tant je suis en transe

Que je suis en cage,
Malgré mon roulage,
Comme les humains

Reclus dans leur monde,
Ignorant des ondes
Du Big Bang divin.

Du Hérisson

Il y a longtemps, j'étais oursin
Mais je m'ennuyais dans les mers.
Je pris corps, pattes, tête et chair
Et je partis sur les chemins.

Extraordinaire voyage !
Les couchers de soleil, les nuits
Où la lune est pleine, la pluie
Ou le vent fouettant le visage,

Le chant des oiseaux au réveil…
Quel monde de sens en éveil !
Depuis, je vous ai rencontrés,

Vous, humains et, de temps en temps,
Vos voitures tuant nos enfants
Et me suis caché en forêt.

Du Héron

Certains me voient mono-patte
Pendu au sol, à l'envers
Et croient que c'est pour l'épate
Que je me donne cet air,

Comme un genre d'acrobate
Ou de clown de cabaret
Qui, patient, répèterait
Son numéro d'automate.

C'est faux : je fais mon yoga
Et travaille mon karma
Pour me rendre plus serein,

Plus spirituel, moins primate
Et pouvoir un jour prochain
Lever la deuxième patte.

De l'Hippocampe

Dimanche prochain c'est le Derby,
Nous allons faire une belle course,
De celles qui d'emblée vous ressourcent
Et vous redonnent de l'énergie.

Les crevettes seront nos jockeys,
Antenne en cravache, allure étroite
Et bonne assise grâce à leurs pattes,
Cavaliers parfaits pour le tiercé.

Sous l'océan les paris sont pris,
Sur l'hippodrome au top on décampe,
Qui sera le meilleur hippocampe ?

Une fois que la course est finie,
Deux gars, des plongeurs impressionnistes,
Font notre portrait en bout de piste.

De l'Hippopotame

Qu'il fait bon vivre au ras de l'eau,
Laisser la Terre à ses batailles,
Ne voir qu'un ciel et son écho.
Sortir ne me dit rien qui vaille,

Lavons l'inconscient des ténèbres,
Écrasons toute cette boue,
Piétinons ces desseins funèbres,
Ces recoins obscurs de nos nous.

C'est pour cela que je travaille,
Pour prendre la fange en tenailles.
À chacun sa philosophie

Pour vivre un long fleuve tranquille ;
La mienne est de rester au lit,
Tant qu'il reste un coin d'âme vile.

De l'Hirondelle

Je préfère les vacances
De fin et début d'année,
Bon timing pour voyager,
Je quitte toujours la France.

Mais on ne peut s'absenter
Sans que les saisons se battent
Autour de questions de dates.
Après quelques mois passés,

S'incruste encore l'hiver
Qui devrait se mettre au vert.
Je dois donc m'en retourner

Lui rafraîchir la mémoire,
Ramenant printemps, été
Et le V de la victoire.

Du Homard

J'ai pris un appart en ville
Dans un restaurant huppé,
Petit mais bien agencé,
Au cœur de Saint-Louis en l'Île.

On partage le loyer
Avec des colocataires,
La vie ici est si chère
Qu'il faut souvent s'entraider ;

Nous avons le gaz et l'eau
Et la vue sur le resto.
J'ai pourtant un gros regret :

Quand l'un de ceux qui habitent
Avec nous un jour nous quitte,
On ne le revoit jamais.

De l'Hydre

Changer chaque cellule
En boucle est le secret
De l'immortalité,
Avaler la pilule

De sa non-permanence
Comme fixe entité
Et sans cesse changer
La matière en silence,

S'auto-régénérer.
J'en suis la spécialiste,
En queue de votre liste

Des animaux classés
Et pourtant immortelle,
Maître en vie éternelle.

De l'Iguane

J'ai arrêté de croire
Qu'on pouvait vivre en paix
Dans un coin isolé
Depuis la préhistoire.

Nous sommes installés
Sur une île déserte
Anciennement offerte
Pour être préservés.

Pendant des millénaires
Nous vécûmes heureux,
En groupe, solidaires

Mais sommes depuis peu
Rats de laboratoire
Et gros lézards de foire !

Du Jaguar

Venez donc me voir en Amazonie,
On sautera de branche en branche ensemble,
Vous verrez à quoi la forêt ressemble
Et comment sans complexe on la détruit :

Même les arbres maintenant s'enfuient,
Ils se donnent un rendez-vous, s'assemblent,
Puis partent discrètement dans la nuit,
Pas étonnant que leurs feuilles en tremblent.

Et, si on ne termine pas trop tard,
Je vous présente à Madame Jaguar.
Car nous aussi avons une famille,

Des enfants, un jardin, un domicile
Et on aimerait bien vivre tranquille,
À l'abri des génies de pacotille.

Des Juments

Il est très sain de faire son jogging.
On court pratiquement tous les dimanches
Entre habituées, on fait des grands meetings
Où chacune peut prendre sa revanche.

On met un numéro pour porter chance
Et joue à la première qui termine,
En laissant parfois gagner les copines.
La crinière au vent ensemble on s'élance,

On papote, on rigole, on se détend,
On s'oxygène et passe un bon moment.
À l'arrivée, on tire la photo

Pour vérifier qui était la plus belle
Et le petit bonhomme sur le dos
N'aura plus besoin d'aller à la selle.

Du Kangourou

J'adorais la rentrée littéraire
Et remplissais ma poche de livres
Comme on remplit un frigo de vivres,
Ils en recouvraient les étagères.

N'ayant plus de place, avec le temps,
J'ai laissé les lourds, les gros, les moches,
Gardé la Poésie pour enfants
Et tout passé en livre de poche.

Voyez, je ne reste pas en rade ;
Dans la campagne des antipodes,
Je n'étais qu'un inculte bipode

À ressort faisant mes escapades
Mais maintenant j'en suis aux e-books,
Ne me prenez donc plus pour un plouc.

Du Lama

Quel bonheur que de vagabonder
Aux abords du lac Titicaca,
Gambader, grimper sur les sommets,
Retrouver Puno et les quechuas,

Traverser alors l'Altiplano,
Guidé par quelques anciens lamas,
Pour arriver ainsi à Cuzco,
Cette ancienne capitale Inca.

De là, monter au Machu Picchu,
Hors saison, hors des sentiers battus
Et prier dans la Cité perdue

La nuit, quand la Lune est avec nous.
Sinon, on voit surtout des touristes
Venus cocher un lieu sur leur liste.

Du Lamantin

Autrefois, j'étais sirène
Et chantais pour les marins
Égarés dans leur destin.
Invités en mon domaine,

Je leur évitais la peine
D'un avenir incertain,
Leur offrant jusqu'au matin
Une ultime nuit sereine.

Puis la science et ses soldats
Ont pris les choses en main,
Ce fut alors mon déclin.

J'ai dû partir d'ici-bas,
Aller vivre entre deux eaux,
Laissant marins et bateaux.

Du Lapin

J'aime les appartements
Clairs et à petits carreaux,
On y fait nos mouvements
Et y trouve le repos.

Sans aucun verre aux fenêtres,
Ils sont très bien aérés
Mais il y fait un peu frais,
Je tremble de tout mon être,

Me gèle en hiver les fesses
Et claque des dents sans cesse.
Parfois, pendant qu'on sommeille,

Notre cher propriétaire,
Monsieur petites oreilles,
Vient chercher un locataire.

Du Léopard – De la Panthère

J'ai voyagé dans tous les pays
D'Afrique du sud, de l'ouest, de l'est ;
Chaque année je repasse les tests,
Endurance, orientation, survie.

On tamponne à chaque entrainement
La peau, une sorte de tatouage
Pour officialiser le passage
Au statut de voyageur fréquent

Et ma robe gold avec le temps
Vire à celle de panthère noire.
Mais l'Afrique change tellement

Que reconnaître les territoires
Devient chaque fois plus difficile
Et l'environnement plus hostile.

Du Lézard

Au tirage des vies,
J'ai été affecté
En Méditerranée,
Un petit paradis.

Je me dore en été,
Fais la sieste à midi,
Me baigne au mois de mai
Et jamais ne m'ennuie.

Je vis dans la garrigue,
Avec le romarin,
La lavande et le thym,

Les mûres et les figues.
J'ai eu bien de la chance
D'y avoir résidence.

De la Libellule

Je suis le biplan
Du temps des ancêtres,
Peu sensible au vent,
Je navigue en maître.

Ailes au point mort
Au-dessus des fleurs,
Ailes en ressort
Quand on me fait peur,

Un hélicoptère
De la botanique
Plus écologique

Que les militaires.
Plus fragile aussi,
Gardez-moi en vie !

De la Licorne

Il n'y avait pas assez de place
Pour emmener toute la troupe
Et de la proue jusqu'à la poupe
Le vieux pont croulait sous la masse.

Ma corne, avec son long profil,
Occupait beaucoup trop d'espace,
Avec Noé on fit un deal
Pour sauver des humains la race :

Je serai figure de proue
Veillant au cap de bout en bout,
Menant cargaison à bon port

En échange de trois fois rien
Pour eux, mais pour moi un trésor :
L'imaginaire des terriens.

Du Lièvre

Il y a longtemps, le Créateur
Me fit une arme sans pareille :
Avec mes deux grandes oreilles
En forme de vieux sécateur

Je peux, quand je veux, couper court
À vos conversations stériles,
Ce flux de parole inutile
Qui inonde tous vos discours ;

Et pour avoir plus de mordant
Il m'a sculpté deux belles dents,
Puis un moteur à quatre temps

Pour déguerpir comme une folle,
Car vous n'êtes jamais content
Quand on vous coupe la parole.

De la Limace

Un tout petit escargot
En un tour de passe-passe
D'un coup de cuillère-à-pot
Se change en grosse limace.

Il abandonne son dos
Dans la rue, sur une place,
En laissant un petit mot,
Pour le cas où les flics passent.

Cela paraît anodin
De jouer les coquilles vides
Et se balader en bide,

Mais la ruse de malin
Sauva plusieurs fois sa trogne
Dans les villes de Bourgogne.

De la Lionne

Des fins, des gros, des durs, des mous,
Des plus lents jusqu'aux plus rapides,
Je vois des steaks courir partout
Et ça me travaille le bide.

Alors il faut que je les chasse,
Pour subvenir à nos repas,
Pendant que d'autres se prélassent
Et s'imaginent chefs d'état.

Faut-il vraiment que je sois sotte
Pour vivre en un si grand frigo
Où la pitance a la bougeotte

Et les femmes font le boulot !
Et notre Roi – de la paresse -
S'occupe à perpétuer l'espèce.

Du Loup

J'ai toujours aimé les grand-mères,
Elles racontent des histoires
Qui font rêver et nous font croire
Que la vie n'est pas éphémère ;

Et elles étaient autrefois
Si belles, sous leur capuchon,
Se promenant au fond des bois
Avec leur sac à provisions,

Mais encore bien trop menues
Pour figurer sur un menu ;
Pas de quoi faire bonne chère,

Pas plus d'espoir d'être repu.
J'ai toujours aimé les grand-mères,
Surtout grasses et bien dodues.

Du Lynx

Une allure de gros chat,
Des oreilles en radar,
Des moustaches de pacha,
Des bras de pilier de bar,

Un pelage café-crème
Et, pour couronner le tout,
Une tête de hibou,
Avec un œil de moi-même.

Ma présence est si discrète
Que vous ne me verrez pas
Me promener en raquettes

Sur la neige au Canada.
Restez au chaud dans le lit
Cependant que moi, je vis.

Du Mammouth

C'était au temps d'avant l'histoire,
Celui des hommes des cavernes
Qui gravaient aux murs leur mémoire
En peintures aux couleurs ternes ;

C'était au temps d'avant le foot,
La télé, l'ordi, le portable,
Au temps où hommes et mammouths
Se battaient pour se mettre à table.

Quelles belles scènes de chasse
Pour qui fige le temps qui passe !
Moi qui croyais les faire fuir

Et pensais continuer ma route,
Cela m'a valu de finir
En grotesque sur une croûte.

Du Manchot

Pour être vu je mets mon costume
- Tout comme vous votre gilet fluo
Quand vous vous promenez à vélo –
En Antarctique, c'est la coutume.

Ce n'est pas une simple parka
Mais un contraste offert à ma race
Pour exister sur le sol de glace,
Un sur-mesure habit de gala,

Comme un poème sur une page
Blanche, une trace d'action divine
Émergeant du Néant, une fine

Allusion à tout votre héritage,
Pour vous rappeler cette présence,
La porter à votre connaissance.

De la Mante religieuse

Je ne fume pas
Et l'amour, ça creuse.
Je suis si heureuse
Après mes ébats,

Avide de vie,
Qu'il me faut manger.
Mais au creux d'un lit,
Que peut-on trouver ?

Quand on a la dalle,
On mange son mâle.
Quoi de plus censé,

De plus opportun
Pour ne faire qu'un
Avec l'être aimé ?

De la Marmotte

Vous pensez que vous dormez ?
Croyez-en mon expérience,
C'est quand elle est à l'arrêt
Que travaille la conscience,

Mettant les choses en place
En rajustant leur valeur,
Les âneries qu'on efface
Et ce que l'on garde au cœur.

Je range une fois par an,
Pour moi c'est bien suffisant ;
Pour vous, c'est une autre affaire,

À en voir vos errements,
Il s'agit certainement
D'une tâche journalière.

De la Méduse

J'ai pris forme de champignon
Nucléaire pour vous montrer
À quoi cela ressemblerait
S'il arrivait une explosion

Et vous infliger des brûlures
Pour vous faire prendre conscience
Qu'on ne joue pas avec la Science
Et pas plus avec la Nature,

Quand on est apprenti sorcier
Dans un monde qui n'est pas prêt.
Mais vous n'écoutez toujours pas

Et n'en faites qu'à votre tête ;
Bientôt vous ferez un faux pas :
Ce jour, ce sera votre fête.

Du Mille-pattes

L'été on passe nos vacances
Sur le plateau de Millevaches,
Devenu notre port d'attache
Pour de la randonnée en France

Et de si belles mille et une
Nuits qu'on resterait des années
À suivre le lever de lune
Si le soleil n'intervenait.

Et puis, sans être richissime,
On lâche un peu le portefeuille :
Le soir on boit un millésime,

Le jour on mange un millefeuille…
Mille sabords ! Tout personnage
Refait le monde à son image !

De la Mite

Je ne sais plus où donner de la tête
Depuis que les chinois ont envahi
Le marché du textile et des habits
En inondant de fringues la planète.

Où sont passés nos plats gastronomiques,
Ces blancs cotons de vos vieilles grand-mères
Que l'on dégustait sur les étagères
En causant de sujets mythologiques ?

Maintenant, pour déjeuner, il faut lire
À l'aide d'un dico les étiquettes,
Comme pour vos lessives, voire pire

Et la survie devient un casse-tête.
Comme je regrette la Grèce antique
Quand nous avions un H orthographique.

Du Morse

Au début, j'étais dans l'armée,
Avantagé par mes défenses :
Du boulot, très peu de vacances,
Modestement rémunéré.

Du matin au soir je codais
En langage à moi des séquences
Et des séquences de secrets
Pour des résistants hors de France.

Puis vint la paix et le chômage,
Je rentrai chez moi à la nage
Tout raconter aux icebergs

Pendant les longues nuits arctiques,
Y gravant mes traits-points rustiques
À la façon de Gutenberg.

De la Mouche

À tous les coups je fais mouche,
Que je me lève ou me couche,
Que je me baigne ou me douche,
Ça commence à faire louche,

Car je suis devenue riche
Sans être en haut de l'affiche,
Sans coups tordus et sans triche.

Le voilà le vrai panache,
Vaquer tranquille à sa tâche
Détaché de tout coup vache.

La conscience sans reproche,
Quand on prend de la brioche,
C'est mieux que l'argent fastoche,
Il faudrait le dire aux mioches.

De la Mouette

Coucou les enfants sages,
Je suis le papa mouette,
Le meilleur à la nage
Et le roi des pirouettes

Pour chiper à manger.
À la mer, au marché,
Je bourre bien ma brouette,
Puis à la nuit tombée

On dîne avec l'alouette
Et, si elle le souhaite,
Quand la Lune se lève

On s'endort sous la couette
En espérant qu'en rêve
Passeront les poètes.

Du Moustique

Je me shoote au sang,
C'est dans ma nature.
La vie est si dure,
Et si court son temps

Que de temps en temps
Prendre une biture
N'est pas bien méchant.
Et puis ces piqûres

Sont pour les enfants
Qui sont si gourmands.
Ne buvez pas trop

- Si ce n'est de l'eau -
Car si vous le faites
Je serais pompette.

Du Mouton

La mer est d'un ennui sans fin,
Je n'y vais qu'en cas de tempête,
Avec un troupeau de copains
Pour y surfer comme une bête.

Mais nous préférons la montagne,
On y emmène tous les chiens,
En liberté sur les chemins.
Un gars parfois nous accompagne,

Un familier de la région
Qui nous mène aux champs d'herbe grasse,
Parle avec ceux de notre race

Et nous connaît par nos prénoms.
Pour le remercier de sa peine,
Nous ferons de la bonne laine.

De l'Oie

J'ai le foie maladif :
Depuis deux ou trois mois
Je le trouve poussif.
Des gens sans foi ni loi

Le gavent de produits
Pour augmenter les ventes
Et il grossit la nuit
De manière inquiétante.

Le jour il est en joie
Mais la nuit je me fâche
De peur qu'il ne me lâche ;

Car enfin lui et moi,
Nous sommes solidaires,
C'est ainsi sur la Terre.

De l'Okapi

L'autre jour j'ai croisé
Un bien drôle de zèbre :
Comme moi, mais rayé
Sur toutes les vertèbres.

Pas très fort en algèbre,
J'ai quand même noté
Qu'avec ses nombreux traits,
Il était plus célèbre.

Je serais plus girafe,
Mais mon cou riquiqui
Fait rire mes amis

Prompts à faire des gaffes.
On n'est pas bien à l'aise
Le cul entre deux chaises.

De l'Orang-outan

Quel bonheur d'avoir quatre bras,
Pour pouvoir prendre ses enfants,
Serrer ses amours, ses amants
Jouer au mage : abracadabra !

Et, si l'on va en Italie,
Pouvoir devenir président
Et discuter avec les gens
Sans qu'il n'y ait le moindre souci.

Mais mon rêve est d'être organiste,
Pouvoir jouer sur tous les claviers
Les grandes œuvres et prier

Que notre espèce reste en piste.
En liste rouge et sans rechange,
Nous sommes déjà bien orange.

De l'Orque

Tout de noir et blanc vêtu,
Pour l'image prêt à tuer,
L'anglais ni parlé ni lu,
Je suis sorti d'un film muet.

Puis j'ai opté pour Disney,
Pirouettes acrobatiques
Et spectacles aquatiques,
Les enfants sont enchantés.

Et j'ai eu un premier rôle
Dans un film hollywoodien
Mais avec un mal de chien

Pour comprendre les paroles.
L'océan, tout compte fait,
C'est là que je finirai.

De l'Otarie

J'ai toujours aimé les enfants,
Leur absence de préjugés,
Cet esprit toujours en éveil,
Leur sens de la réalité

Et leur manque de jugement.
Dès que je peux, je les distrais,
J'essaie de capter ces instants
De conscience vaste et reliée

À l'harmonie universelle,
Ceux qui déclenchent le sourire
De l'étincelle originelle,

Avant qu'elle ne se retire
Derrière des masques d'adulte
Que l'on a érigés en culte.

Du Ouistiti

Comme résidence principale
J'ai choisi l'hévéa du Brésil,
Ce fut de très loin mon meilleur deal :
La vue sur la forêt tropicale,

De l'eau courante à tous les étages,
Tout un lot de lits superposés,
Un stock de chewing-gum à volonté
Et tout près piscine et marécages.

J'y vis depuis des millions d'années.
Vous voilà avec vos gros sabots
Et en trois coups de cuillère-à-pot

Tout notre habitat est saccagé.
On rirait bien de vos singeries
Si vous n'étiez un tueur en série.

De l'Ours

La journée je suis sanguinaire,
Sans domicile et sans pitié,
Je chasse comme un mercenaire
Et tue si l'on vient m'ennuyer ;

Le soir je suis baby-sitter,
Ami intime, confident
Et m'installe chez vous à l'heure
Où l'on doit coucher les enfants,

À l'heure du marchand de sable
Remplaçant soucis et cartables
Par un nid de rêves douillet,

C'est le moment que je préfère.
Ah ! S'il pouvait faire oublier
Un jour le mal que j'ai pu faire !

De l'Ours polaire

J'aime ma terre promise
Et sa blancheur éclatante,
Malgré son froid et sa bise,
J'y survis en bonne entente.

Quand arrivent les vacances
Je voyage en iceberg,
C'est pratique et pas très cher,
On s'y délasse en confiance.

Mais depuis quelques années
Il y a moins de traversées ;
C'est probablement la crise

Ou la bulle financière
Qui s'étend à la banquise,
Il n'y a plus de frontières !

De l'Oursin

Ma maman la Grande Ourse
Et ses étoiles blanches
Avaient gagné la course ;
Mais quand vint la revanche

Un tout petit ours brun
Doté d'étoiles noires
Remporta la victoire.
Ils ne firent plus qu'un

Pour me donner naissance.
Mais une étoile sombre
Au beau milieu de l'ombre

A bien peu d'existence ;
Alors ils décidèrent
De m'envoyer sur Terre.

Du Panda

Je vis au fond des bois,
Au centre de la Chine
Et de chez moi domine
Les grands fleuves chinois.

Le spectacle est si beau
Qu'avec quelques bambous
Je fabrique un pinceau
Et calligraphie tout

Sur le dos des enfants.
Et puis passe le temps,
Ils ont de belles taches,

Souvenir des moments
Auxquels tous on s'attache,
Ceux où l'on est présent.

Du Paon

Pour faire l'homme droit
Ou le cochon pendu,
Je n'étais pas le roi,
Ça ne m'a jamais plu.

Jouer à chat perché
Ou à saute-mouton
Ne m'a jamais branché,
Je n'étais pas très bon.

Et puis un jour d'un coup
J'ai découvert la Roue :
Ne pas perdre la foi,

Il suffit d'être soi,
Simple grain de beauté
Dans l'Univers créé.

Du Papillon

D'abord, avec ma famille,
Çà et là dans vos jardins,
Des mois entiers je chenille
Pour y chercher mon destin ;

Et ce sont les cris d'horreur
Et pesticide en bonbonne.
Ensuite, je papillonne
Sur vos arbres et vos fleurs :

Ce sont les cris de bonheur
De tous mes admirateurs ;
Alors vous me clouez vivant,

Comme un Jésus sur sa croix
Qui se demande pourquoi
Vous êtes donc si méchant.

Du Paresseux

Il y en a parmi vous
Qui essayent, tenaces,
De me prendre ma place
Sur l'échelle des mous.

C'est un pari de fou,
Des derniers de la classe
Aucun ne me surpasse,
Je suis le Roi des mous :

Je cours avec lenteur,
Je dors avec lenteur
Et, quand les besoins viennent,

Ne descends des hauteurs
Qu'une fois par semaine
Pour faire avec lenteur.

Du Pélican

Je voyage toujours
Avec mon frigidaire
Pour ne pas être à court
De fraîche et bonne chère.

Avant un long voyage
Je l'emplis de poissons,
Rangés pour l'œsophage
De mes chers rejetons.

J'en fais des sashimis,
Des makis, des sushis
Si je peux trouver riz

Et soja dans les ports ;
Sinon, sans plus d'effort,
On part en Japonie.

Du Perroquet

Pour nous, as de l'imitation,
Le plus dur n'est pas la mimique,
C'est de subir vos pathétiques
Discours et vos conversations,

Les mesquines machinations
De votre monde égocentrique,
Votre univers microscopique
Gonflé d'autosatisfaction.

Pourtant pas de quoi pavaner :
Toujours parler pour ne rien dire,
Tourner en rond dans son empire

Et ne pas pouvoir s'envoler ;
Une vie toute à notre image,
Alors, qui est vraiment en cage ?

De la Perruche

J'ai l'air nunuche
Sous mes barreaux
Avec ma cruche
Pour boire l'eau,

Mon bac à graines
Comme frigo
Et sans dodo.
Ni très humaine,

Ni très cosy
Chambre d'amis !
Pourtant je suis

Un animal
De compagnie
Si amical.

Du Phénix

Le plus dur n'est pas la brûlure,
Un mauvais moment à passer,
Comme en toute mésaventure ;
Le plus dur est de s'assurer

Que jusqu'au moindre petit reste
De vice ou de méchanceté
Disparaisse comme la peste
Et finisse bien consumé,

Que seule la conscience claire
Renaisse en étant transférée
Et traverse les millénaires

Jusqu'à former l'être parfait.
Un exercice difficile,
Même pour les âmes habiles.

Du Phoque

La glisse est mon point fort
Et je glisse en folie
Sur les glaces du Nord,
Sans raquette et sans skis

Puis je plonge dans l'eau
Pêcher quelque fretin
Pour un bon repas bio
Couché comme un romain.

La vie serait si cool
Près de la swimming-pool
S'il n'y avait pas aussi

Le gros ours blanc poilu
Et vos amis tordus
Qui tuent tous nos petits.

Du Pic-vert

Depuis tant d'années
Que je frappe aux portes,
Mon toc-toc zélé
Reste lettre morte.

Comment faire en sorte,
Sans m'égosiller,
Qu'on me réponde et
Qu'on m'ouvre la porte ?

Mes hôtes sont sourds
Aux coups de tambour.
Je suis las des cris,

Ce serait bien mieux
S'ils mettaient chez eux
Une sonnerie.

De la Pie

C'est vrai j'adore l'argent,
Tout ce qui brille m'attire
Comme une sirène ou pire
Comme un électro-aimant.

Alors je capitalise,
Je stocke, entasse et amasse
Sans cesse tout ce qui passe
Pour toujours grossir ma mise.

Autour de moi je fais place
Nette des autres rapaces.
Jamais je ne lâche prise,

Ce qui marche je le casse
Et tout le temps je jacasse :
Je suis chef en entreprise.

De la Pieuvre

On entend toutes sortes de légendes
Sur mon compte et mes multiples travers.
D'où viennent-elles ? Je me le demande
Car je ne suis pas ce monstre des mers,

Ce Jack l'étrangleur, ce serial killer
Que vous représentez dans vos romans.
Et je ne suis pas plus cet avaleur
De bateaux sillonnant les océans,

Ce croqueur de marins en perdition
En quête d'ultime destination ;
L'océan n'est pas un ring de combat.

Toutes ces histoires sont ridicules
Et si j'ai de multiples tentacules,
C'est pour prendre mes enfants dans mes bras.

Du Pigeon

J'ai élu domicile
Sur vos toits, vos balcons,
Eh oui ! Dans votre ville,
Près de votre maison.

Mais en toute franchise,
Je suis pieu et préfère
Les temples, les églises,
Les monuments en pierre.

J'aime aussi vos autos
Garées dans les allées
Sous les arbres l'été ;

J'y dépose un mémo,
En gage d'amitié
Et vie en société.

Du Pingouin

Il y a longtemps que j'ai quitté les pôles
Pour m'intégrer dans d'autres communautés,
Notamment la vôtre, où pendant les soirées
Je fais merveille quand l'ambiance est trop molle.

Je suis capable de parler politique
Avec les ministres et les invités
Et continuerai de faire autorité
Sur l'effet du réchauffement climatique.

Mon bel habit m'a ouvert toutes les portes,
Le reste est affaire de psychologie,
De clichés, frime et bagou en quelque sorte.

Le pire est qu'on s'habitue à cette vie,
Ces cocktails d'empilement de pensées creuses
Ne présageant pas d'une fin très heureuse.

Du Poisson rouge

Pour mon anniversaire,
Je fis un cauchemar :
J'étais sur le départ
Et quittais la rivière

Pour m'installer en ville,
Prenant un pied-à-terre
Chez un colocataire.
La vie n'est pas facile

Dans un appart tout nu
Et, vu ce qu'on y bouge,
Je devenais tout rouge

Puis finissait pendu
Au dos d'un agozil[4]
Pour le 1ᵉʳ avril !

____

4 *Agozil : patois picard pour butor, lourdaud, gros beta*

Du Poney

Quand il ne fait pas trop froid
Et qu'il n'y a pas trop de vent,
Nous faisons un tour d'enfants
Autour du lac, dans le bois.

On les prend sur nos épaules,
Les promène doucement,
Avec une allure molle
De grands pères bienveillants

Tempérant leur énergie.
Bien sûr qu'ils font des bêtises
Et racontent des sottises,

Mais quand on y réfléchit,
Le pire est quand on entend
Les âneries des parents.

Du Pou

Ma vie ne tient qu'à un cheveu
Et je m'y accroche comme un fou,
Comme un chien je le suis partout,
Depuis l'école jusqu'au pieu.

Parfois j'en perds même la tête
Dans un instant d'égarement
Et me retrouve à poil, tout bête,
Contraint au déménagement.

J'ai mis les filles à l'école
Pour qu'elles trouvent des amies,
Vivent leur vie, fassent les folles,

Boivent un coup dans les sorties,
Profitent bien de la jeunesse
Avant qu'on leur bombe les fesses.

Du Poussin

Ce bel appartement
En cellule de nonne
Est, de beaucoup, trop jaune ;
Et quand on sera grand

Il sera trop petit.
Son allure est bancale,
Le plafond rabougri
Et les murs sont ovales.

Le chauffage est parfait
Mais ne peut se régler ;
Il n'y a pas de fenêtres.

Mais dans un tel décor,
Comment voulez-vous naître ?
C'est décidé, je sors.

Des Puces

Nous avons toujours aimé les chiens,
Ce sont de fidèles compagnons,
Quand ça va mal ou quand ça va bien,
Ils sont toujours nos amphitryons.

Très souvent nous les accompagnons,
Qu'ils soient ou non avec leur gardien,
On joue à la balle et au morpion,
C'est ainsi que se tissent les liens.

Ils nous emmènent en promenade,
Dans les parcs, les jardins ou les prés,
En soirée, après notre escapade,

On regarde ensemble la télé.
Parfois même ils nous grattent le dos,
Tout de même, l'amitié, c'est beau !

Du Putois

Quand j'étais en classe
On s'amusait trop :
Tours de passe-passe
Attrape-nigauds,

Blagues de potache,
Poudre à éternuer
Ou poil à gratter,
Encre à fausses taches

Et coussin péteur
Pour les amateurs.
C'était autrefois,

Mais la vie est gluante :
J'ai toujours sur moi
Quelques boules puantes.

De la Raie

Je suis née au milieu du temps,
Dans l'univers 2.0,
Un univers si rigolo
Qu'il aurait bien plu aux enfants.

On vivait dans un même plan,
Les profs étaient dans le tableau
Et l'on croisait tous les héros
Des bandes dessinées d'antan.

Quand arriva la version ter
Et la troisième dimension,
On nous jeta comme des pions,

Je partis vivre au fond des mers.
Je vous souhaite bien du plaisir
Avec les versions à venir.

Du Rat

J'ai décidé de m'installer
Dans le métro : j'y vis, j'y bosse,
J'y fais l'entretien des allées
Et j'y vois passer les carrosses.

Des carrosses toujours bondés
Et pas l'ombre d'une citrouille,
Quelquefois ça me fout la trouille,
Cette absence de vie rêvée.

Moi, je vis dans les galeries,
Un véritable labyrinthe ;
On peut s'y balader sans crainte

Pour explorer le tout Paris.
Comme disait un écrivain,
C'est un choix d'être citadin.

Du Raton laveur

C'est étonnant les étiquettes :
Une fois qu'elles sont collées,
On est catalogué, jugé,
Comme si on prenait perpette.

Voyez par exemple ma tête :
Je suis un justicier masqué
Et je n'ai jamais rien lavé,
Pas même de vieilles chaussettes ;

Pourtant, quel que soit mon labeur,
Je serai toujours un laveur.
Prenons notre mal en patience,

À l'abri des plateaux télé,
En laissant le temps à la science
De rétablir la vérité.

Du Renard

On me prend pour le grand ponte
De la ruse, sanguinaire,
Que l'on trouve dans les contes ;
Le fabuliste exagère.

Mais on doit bien se nourrir,
Se débrouiller ici-bas,
Improviser ses repas,
Ruser pour les obtenir.

Comme pour la Poésie,
Il faut se saigner parfois,
Toujours se remettre en vie,

Aller jusqu'au fond des bois
Chercher les perles du Temps
Qui nourriront les enfants.

Du Renne

Hors saison, je gambade en forêt
Dans les grandes étendues lapones ;
Le climat est doux, l'ambiance bonne,
Les touristes sont mes invités.

L'hiver, je contracte un CDD
Pour éviter de faire l'aumône ;
Un travail ardu mais bien payé
Au service d'un petit bonhomme.

Pendant un mois, c'est de la folie,
On prépare paquet sur paquet
Et pire encore est la folle nuit

Où il faudra bien tout transporter.
Mais quand on aime sincèrement,
Que ne fait-on pas pour les enfants ?

Du Requin

Depuis que mon cher dentiste
M'a refait la devanture,
Je souris aux journalistes
Pour faire leur couverture.

Mais il faut les appâter,
Leur donner os à ronger.
Alors je croque un touriste

Venu tenter l'aventure
Et je le donne en pâture
À la presse populiste.

J'en prends un aux crocs bien longs
Qui rayeraient l'océan,
Sauvant la vie d'autres gens
En ne laissant que ses tongs.

Du Rhinocéros

Je ne fais pas dans la dentelle,
Aux autres de tergiverser,
Les pirouettes intellectuelles
Ne sont pas ma tasse de thé.

Ce n'est pas que je sois rebelle,
J'aime quand tout est aligné,
Traité avec intégrité
Et droiture professionnelle.

Foncer ! Ce que je fais de mieux.
Tracer de belles autoroutes,
Mettre au carré ce qui est tortueux,

Mettre les fauteurs en déroute ;
J'écrase tout sur mon passage,
Prenez garde à vos dérapages !

Du Rouge-gorge

Quand j'étais dinosaure
On se fichait de moi,
De ma taille et mon poids,
Du rouge qui colore

La gorge que j'arbore
Et de ma frêle voix
Chantonnant dans les bois
Parfois jusqu'à l'aurore.

Mais quand vint le déluge,
Il n'y eut de refuge
Sûr que pour accueillir

Les petits et conjoints.
Rien de sert de grossir,
Il faut survivre à point.

Du Sanglier

Après avoir passé
Des années de cavale
Dans la Gaule ancestrale,
Après m'être caché

À en crever la dalle
Dans les bois et forêts
De ma région natale
Envahie par l'armée

Des romaines légions,
Après tant de soupirs,
Après tant de pressions,

C'est triste de finir
Emmené par le Styx
Au banquet d'Obélix.

Des Sardines

Nous, nous préférons les rives
De la Méditerranée ;
On s'y fait griller l'été
Avec de l'huile d'olive,

Deux ou trois graines d'anis,
Une pincée de gros sel
Et, avec un bon pastis,
Plus rien ne manque à l'appel.

Ma cousine d'Atlantique,
Nourrie à la crème fraîche,
Est devenue pathétique,

Obèse, fade et pimbêche.
Se faire plus gros qu'un bœuf
A toujours été un bluff.

Du Scorpion

Quel plaisir de se dorer la pilule,
De s'abandonner sur le sable chaud
Et de travailler à coincer la bulle
En oubliant les soucis du boulot ;

Piquer ensuite une tête dans l'eau
Avant que les touristes ne pullulent,
Se revigorer fessiers et abdos
Pour garder le coup de reins en virgule.

Dès que vous vous approchez je m'efface,
M'enfonce dans le sable humide et froid
Et disparais pour vous laisser la place ;

Donc arrêtez de vous en prendre à moi
Car si je ne me sens pas attaqué
Je ne pique que la curiosité.

De la Seiche

Trait d'humour du Créateur,
J'adore l'humidité :
Si je me retrouve échouée,
Aussi sec, blanche de peur,

Glacée jusqu'à l'os, je meurs.
Alors je reste nager
Au milieu des prédateurs,
Entre deux eaux, aux aguets :

En cas d'attaque, je lance,
En légitime défense,
Mon jet d'encre noircissante

Formant écran de fumée,
Un peu comme une imprimante
Qui aurait peur du papier.

Du Serpent à sonnettes

C'est parce que vous avez peur
Que, quand je m'approche, je sonne,
Comme ces anciennes patronnes
À table appelant leur serveur

Avec un genre de clochette.
Je veux juste vous prévenir
Qu'il est inutile de fuir,
Chassez donc la peur de vos têtes !

Mais vous racontez tant de choses
Sur notre monde à nous, les bêtes,
Tant de racontars malhonnêtes,

Que, quand entre nous on en cause,
On voit qu'il vaut mieux être bête
Plutôt que sapiens à sornettes.

Du Singe

Depuis les temps les plus lointains
Je continuais ma progression
Vers un stade d'évolution
Porteur de meilleurs lendemains.

J'étais bien armé pour le faire,
J'avais deux pieds, j'avais deux mains,
L'intelligence la plus claire,
La préscience du baratin.

Et puis vous êtes arrivés !
On s'est bien joué de ma lignée.
Pourtant, elle a su préserver

Tout ce qu'a donné la Nature
Et ne pas l'offrir en pâture
À des besoins démesurés.

Du Singe amazonien

La déforestation
Me rend dingue et nerveux :
Toutes ces constructions
Avançant peu à peu,

Un jour une autoroute,
Un autre un grand barrage,
Des villes sarcophage
Pour gens qui caoutchoutent.

Et peu à peu ils vont
S'attribuer tout l'espace,
Alors la gomme efface

Aussi notre maison,
Sur de mauvais desseins
Tracés par les humains.

De la Souris

Même quand j'ai une dent
Contre toi tu viens veiller
Et poser sous l'oreiller
Un cadeau me consolant.

Quelle générosité !
Pourtant on te fait la peau
Quand tu finis au labo
Ou que, cherchant à manger,

Tu files vers tes fromages
Par les désirs alléchés,
Sans voir le piège dressé

Ni le chat du voisinage.
Prends bien garde à toi, souris
Et choisis bien tes amis.

Du Suricate

Comme un piquet, ventre
Plat, dressé, debout,
Gauche, droite, centre
Je surveille tout.

C'est ainsi qu'on entre
En politique, ou
Qu'on devient un chantre
Dans l'art du bagou ;

Venins et poisons ?
Sur moi sans effet ;
Si je me lançais

Dans une élection,
J'aurais, sans mentir,
Tout pour réussir.

Du Tatou

Depuis tout enfant
J'aime la musique
Et les instruments
Joués aux Amériques :

La guitare andine
Et ses tristes chants,
La quena d'antan
Qui vous baratine

Son condor passant,
Et quand vient la brise
La flûte de Pan

Qui vous hypnotise
Et le charango
Qui vous rend dingo.

De la Taupe

Je maîtrise l'art de la galerie
Et suis devenue experte en tunnels ;
Des plus élaborés aux plus usuels,
Je domine pratique et théorie.

Et depuis ces sous-sols je vous espionne
Sans que vous n'en soyez jamais conscient ;
J'admire votre côté omniscient,
Vous êtes créatif comme personne

Et vous maîtrisez la galerie d'art,
Un point qui aurait pu nous rapprocher
Mais, à voir ce que vous y accrochez

Parfois, j'aime autant rester à l'écart,
Même si mon piètre sens de la vue
M'éviterait bien des déconvenues.

Du Taureau

Je préfère la mer à la montagne,
J'aime le sable et j'aime les châteaux ;
Je me suis donc installé en Espagne,
Sur les côtes andalouses, au chaud,

Et j'y coule des jours heureux, tranquilles,
Guitare, apéro, tapas, paella,
Des vacances qui ne finissent pas.
Le dimanche parfois je vais en ville,

Leur piscine de sable me ravit,
Mais y'a un gars en costume de frime
Se croyant dans une salle d'escrime

Qui me cherche et profondément m'ennuie.
Comme les soirées dans les mauvais bals,
Je crains que cela ne finisse mal.

Des Termites

J'ai bien compris l'histoire des atomes
Et comment ils constituent la matière,
Ce tout constitué de rien, ce fantôme
Du réel ne nous montrant que son suaire.

Ça m'énerve. Alors je mange le vide,
J'avale l'espace entre particules,
Transformant vos meubles en minuscules
Tas de poussière de vrai bois, sans vide.

Et on m'engueule, on me chasse, on me tue !
Aidez-les gens, voilà le résultat !
Pendant combien de temps, triste constat,

Faudra-t-il que la Vérité soit tue,
Cachée, voilée, enfouie dans l'Inconscient
Allongé sur le divan impatient ?

Du Tigre

Pour tous les titis parisiens
Je ressemble à un gros minet,
C'est qu'ils ne m'ont pas vu de près,
Mais en photo ou sur un lien

Ou bien encore au cinéma
Dans le rôle de l'assassin.
Car je suis un tueur, c'est certain.
Pourtant, tous les jours à grands pas

Je fonce vers ma destinée
Et mes jours à moi sont comptés :
Revêtons nos plus beaux habits,

Il faudra bientôt être prêt,
Du catalogue de la Vie
C'est bien moi qui serai rayé.

De la Tortue

Que le temps passe vite !
Et vous aussi d'ailleurs,
Parfois ça me fait peur.
La maison où j'habite

Me sert de sac à dos
Toujours à droite, à gauche,
On voyage en duo
Pieds et mains dans les poches.

Sur le chemin de vie,
Jamais on ne se quitte
La nuit elle m'abrite,

Le jour elle me suit.
À quoi bon se presser
Quand on est arrivé ?

Du Toucan

De peur de ne pas voir l'arc-en-ciel
À cause de mon imposant bec,
Je l'ai peint dessus. Et quand le ciel
Après l'orage redevient sec,

Je le contemple en méditation.
Les premiers instants l'esprit se trouble,
Argumente que vous voyez double
Ou qu'il s'agit d'hallucination

Puis on découvre un amas d'étoiles,
Un prisme de Lumière divine
En sommeil sous sa blancheur coquine

Et qui de temps en temps se dévoile.
Complicité du Divin avec
Sa création, même les blancs becs.

De la Vache

Je suis une âme sensible
Et rien de plus ne m'émeut
Que quelqu'un aimant mes meuh,
C'est une joie indicible.

Dans les prés je pais et pète,
Ruminant mes idées noires
Pour les ôter de ma tête,
Les chasser de ma mémoire.

Car c'est la conscience claire
Qu'on peut faire du bon lait
Pour les enfants de nos terres

Et, tant pis pour le cliché,
Regarder passer les trains
Ne distrait pas du train-train.

Du Vautour

Avant d'en investir
Les éléments restants,
J'attends que les vivants
Aient fini d'en partir :

Je respecte les corps,
Leur laisse un peu de temps,
Puis prie pour les enfants
Et nettoie le décor.

J'accompagne les morts,
Aide l'âme au voyage
Et grignote au passage,

En ne faisant du tort
À personne. Vraiment,
Qui peut en dire autant ?

Du Ver à soie

Je me suis d'abord installé en Chine,
Dans un mûrier au bord du Fleuve Bleu,
Un paysage comme on en voit peu,
Fini au pinceau par la main divine.

Nous causions fringues avec ma voisine
Quand, le soleil ayant couché son feu,
Le froid nous prit ; pour éviter l'angine,
Nous tricotâmes avec nos cheveux,

À la hâte, un manteau de circonstance,
Avant de repartir vers nos mûriers.
Il fut si utile dans l'existence

Qu'ensuite nous en fîmes des milliers,
Des verts, des rouges, des jaunes, des mauves…
Si ça continue on finira chauve.

Du Ver luisant

Le jour je bouge
La nuit je luis :
Ni bleu ni rouge,
Plutôt vert-gris.

Lampe électrique,
Mon lumignon
Est très mignon
Et très pratique :

De l'énergie
Et pour longtemps,
Sans le courant,

Sans batterie,
Comme un poème.
Faites de même !

Du Ver solitaire

J'ai toujours été curieux
De voir quelle nourriture
Les humains gardaient en lieu
Sûr derrière leur armure.

De l'intérieur, on voit mieux :
On y trouve des ordures
Aux meilleures garnitures ;
Un vrai grenier poussiéreux,

Mais ça j'en fais mon affaire :
Pour manger en abondance,
Je trie, je jette, je gère.

Bien que je fasse bombance,
Je m'ennuie sans sœur ni frère
Et finis bien solitaire.

De la Vipère

J'étais à vos côtés
Dès que vous fûtes deux,
Au début si heureux
Mais franchement bien niais.

Je vous ai éduqués,
Montré les coups foireux,
Appris les mots vaseux
Et le sourire en biais.

Puis vous fûtes toujours
Mes meilleurs éléments ;
Merci infiniment,

Maintenant au grand jour
Et sortie des ténèbres,
Ma langue est très célèbre.

Du Vison

Tout a commencé un été,
Je voulais partir en vacances
En m'adressant à une agence
Pour un voyage organisé.

On m'a promis la thalasso,
Des soins divers et des massages,
Un lustrage de mon pelage,
Un assouplissement du dos.

On m'a dit qu'on pourrait trouver
Une compagne au cou soyeux
À emmener dans les soirées.

Bref, rien ne pouvait être mieux.
Je leur faisais confiance à tort :
Pour ce, il fallait être mort.

Du Yack

Perché sur les hauteurs
Dans l'immensité blanche,
J'ai trouvé mon bonheur.
Tous les jours c'est dimanche,

Je monte au monastère
Et je croise en chemin
Un moine tibétain
Recueilli en prière.

Malgré la différence
Au niveau des toisons,
Tous deux nous partageons

La même concordance,
Celle avec la Nature
Intérieure, Une et pure.

Du Yéti

Quelle plaie toutes ces étiquettes !
S'il y a quelque chose de minable,
C'est bien ce terme d'abominable !
Qui a pondu de telles sornettes ?

Je vis dans la montagne en ascète,
À l'écart des civilisations ;
J'y pratique la méditation
Et poursuis le chemin de ma quête.

Je me suis adapté à la neige :
J'ai des pieds en forme de raquettes,
Des poils qui feraient peur aux minettes

Et une force d'ours, mais qu'en fais-je ?
Moi qui ne suis que cœur bienveillant,
On me classe comme un gros méchant.

Du Zèbre

Avant j'étais à petits carreaux,
Que c'était pratique et agréable !
Dans les restos je servais de table,
Dans les soirées on jouait sur mon dos

Aux Dames, Échecs, Petits Chevaux
Et je devenais, chose incroyable,
Invisible dans les salles d'eau.
Puis vint le téléphone portable.

Pour me rendre smart parmi la faune
On voulut me remettre à la mode,
Transformant mes carrés en flashcodes,

De quoi mettre en boule mes hormones
Et j'ai changé pour un moins bizarre
Et plus sûr motif en code-barres.

DU MÊME AUTEUR

Recueils de poésie :

- « **Bestigramme** » (calligrammes d'animaux), **prix Prévert 2020 de la Société des Poètes Français.** À retrouver en version animée sur le site de l'auteur dans « l'Animogramme » (section Enfants).
- « Haïkus de voyage » (haïkus libres, Paris, France, Europe, Monde)
- « Kaléidéogramme » (calligrammes de caractères chinois)
- « Ode à la Nature - Arboretum et Terre vue du poète »
- « Promenade enchantée - Petits contes de l'au-delà et poèmes fantastiques »
- « La Poésie dans la cuisine » (poèmes culinaires)
- « L'Arche de Noé – Sonnets fanimaliers » (le point de vue des animaux en petits poèmes ou fabliaux)
- « Enfants - Grandir en poésie » (pour les parents et les enfants)
- « Cybercompositions » (calligrammes)
- « La Poésie au Musée, de la Renaissance aux temps modernes » : 6 tomes sous forme d'expositions de poèmes-tableaux (poèmes accompagnant des tableaux de maître) et sa compilation « La Poésie au Musée – Rétrospective 2020-2021 », **prix (Léon Dierx 2021) des membres fondateurs de la Société des Poètes Français).**
- Petits Souvenirs de Grands Personnages (haïkus libres sur les personnages réels ou fictifs de l'Antiquité au XXème siècle)
- Le langage du corps (poèmes « expressionnistes », à base d'expressions françaises autour du corps humain)

La plupart de ces poèmes sont à retrouver en version animée sur le site Web de l'auteur www.cyberpoesie.net. Par ailleurs, des extraits des ouvrages précédents y sont aussi consultables en section « Librairie » (https://www.cyberpoesie.net/index.php#bookshop).

Page Amazon de l'auteur (e-books et livres brochés) :

https://www.amazon.fr/Frédéric-Albouy/e/B01MTRT84Y/

Les livres sont aussi accessibles individuellement directement sur les diverses plateformes d'Amazon

Bibliothèque de poésie animée : www.cyberpoesie.net

Site Web de l'auteur, poésie animée pour petits et grands
Sections : Enfants, Beaux-Arts, Nature et Sciences, Voyages…

Livres d'artiste à tirage limité (à partir d'extraits des premières versions) :

- **En calligrammes :** Bestigramme - 70 ex. - Novembre 2001
- **Avec gravures de Gaëlle Pelachaud :** Haïkus de voyage - 40 ex. - Avril 2001 ; Electra - 70 ex. - Juillet 2002 ; Ode à la Nature - 40 ex. - Mai 2005 ; Le Juge Ti - 40 ex. - Novembre 2006
- **Avec illustrations de Michel Barbault :** Surcouf - 30 ex. - Novembre 2002 ; Le dernier dinosaure - 30 ex. - Novembre 2004
- **Avec aquarelles de Lam Lam :** Poésies orientales - Janvier 2001

PASSAGERS DE L'ARCHE